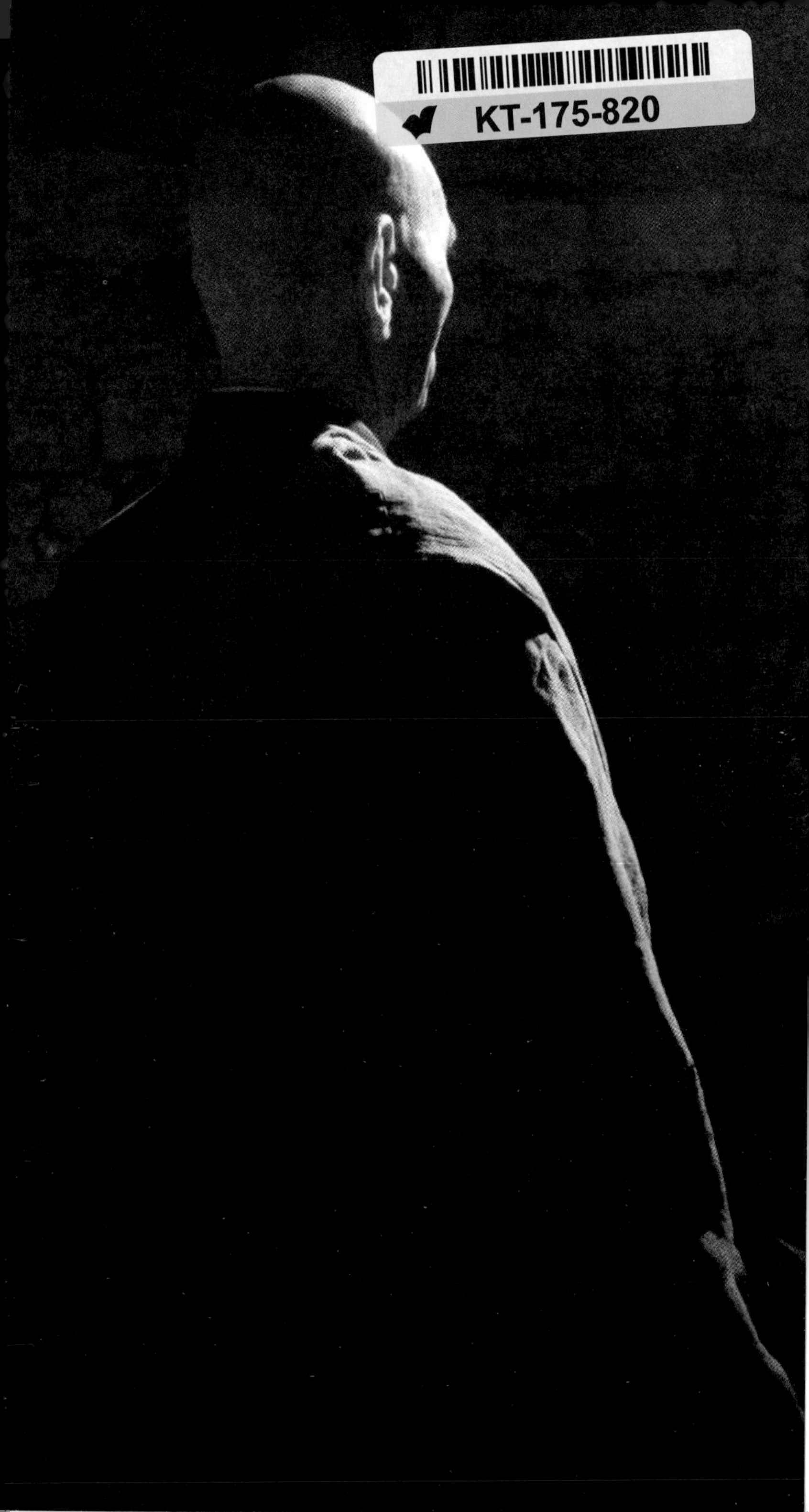

Le mot japonais « zen » signifie : méditation. Il définit une des écoles du bouddhisme au Japon qui privilégie la pratique de la méditation assise remontant à l'expérience du Bouddha.

Il est d'ailleurs raconté dans les annales comment, il y a quelque 2 500 ans, le Bouddha marchant près d'un champ demande soudain à un paysan de faucher une brassée de longues herbes souples appelées sala *afin de confectionner, en les liant, un coussin rond pour méditer dessus. Ailleurs, il est narré que, se rendant dans le calme de la forêt, il choisissait parfois une pierre ou assemblait des feuilles mortes pour se faire un siège lui permettant de s'asseoir avec stabilité dans cette posture qu'il avait adoptée, parmi tant d'autres, dans les exercices d'éveil du yoga.*

En fait, il avait repris la posture essentielle du raja yoga *(le yoga royal) qui consiste à s'asseoir* en lotus ou demi-lotus, c'est-à-dire les jambes complètement croisées ou à demi-croisées. Le coussin qu'il ajouta à l'exercice de cette posture n'est pas là uniquement pour le confort : il permet de mieux déployer la colonne vertébrale en la cambrant naturellement et de trouver ainsi une assise plus stable en ancrant bien les genoux à terre. Après s'être ainsi installé, il faut mettre la main gauche dans la main droite, les pouces à l'horizontale se touchant par leur extrémité (voir photo page 52), concentrer son attention sur une expiration profonde, qui pénètre dans l'abdomen, en dessous du nombril et, au niveau de la conscience, simplement regarder les images-pensées qui y défilent, les laisser passer, passer, comme des nuages dans le ciel. On est ainsi spectateur de son propre univers mental, on se voit s'agiter, se préoccuper, rêver, imaginer... Petit à petit, ce tourbillon se calme en nous ; de torrent tumultueux il devient rivière paisible qui nous permet de retrouver le silence en nous et un vrai contact avec la réalité. Celle-ci n'est plus phantasmée, elle est regardée avec une vision claire, débarrassée des scories qui l'encombraient. Cette simple posture fut donc à la base de tout enseignement du Bouddha. Il le transmit à des disciples qui, de génération en génération, essaimèrent d'abord dans tout le continent subindien et l'Asie du Sud-Est. Au VIe siècle de notre ère, un moine venu de Ceylan, Bodhidharma, arriva dans le sud de la Chine où, après avoir médité de longues années dans une grotte, il fonda le célèbre monastère de Shao-Lin. Son enseignement se transmit par la suite dans toute la Chine sous le nom de bouddhisme Ch'an.

Ce n'est qu'au XIIe siècle qu'un autre moine, Dogen, fit la traversée du Japon à la Chine, où il fut initié dans un monastère à la pratique de cette méditation. Il revint ensuite l'enseigner dans son île natale : c'est à partir de ce moment-là qu'on employa l'expression « zen » pour définir et la posture (zazen = za : assis ; zen : méditation) et l'école philosophique qui en découle.

Les principes véhiculés par cet enseignement se caractérisent par un langage assez abrupt, voire d'une certaine verdeur, et par des concepts philosophico-psychologiques qui peuvent se résumer en une seule formule : le lâcher-prise. Nous sommes toujours en prise sur le monde, nous désirons sans cesse saisir, obtenir quelque chose ; le bouddhisme dit d'ailleurs que nous sommes des esprits affamés, de vrais vautours de la pensée. Ce comportement nous mène à une sorte de folie ordinaire dont on voit les résultats dans la civilisation humaine. Pour combattre les effets pervers de cette attitude, il nous faut apprendre le détachement : il ne s'agit pas de tout abandonner, non. Savoir être détaché est une attitude intérieure, un regard sur les situations, une distance à garder entre soi et soi, une éthique de vie. Le maître zen Taisen Deshimaru disait d'ailleurs qu'il était inutile de vouloir se réfugier dans une grotte au cœur de la montagne pour apprendre le lâcher-prise : la posture de méditation, où qu'elle soit pratiquée, sert en effet de grotte et de montagne.

Le but de cette pratique : trouver la paix intérieure et la dimension originelle de notre esprit, de tout notre être. Car la paix trouvée en nous permet de créer de la paix autour de nous. Il est en effet difficile de régler les problèmes du monde avant d'avoir réglé ses propres problèmes. Comment arriver à mener une existence juste ? Comment créer une énergie pure ?

C'est aussi à toutes ces questions que veut répondre le zen qui est, je pense, une voie de sagesse possible pour chacun quelle que soit sa religion ou son absence de religion, une pratique d'éveil suffisamment universelle pour nous être utile aujourd'hui et dans le millénaire à venir.

Que ce soit sous forme de contes ou de dialogues historiques entre maîtres et élèves, d'enseignements traditionnels ou de célèbres koans (phrases énigmatiques et paradoxales destinées à susciter un éveil), les quelques paroles que vous allez lire témoignent de cet esprit-là.

Marc de Smedt

Comme en vous contemplant
dans le miroir :
la forme et le reflet se regardent.

Vous n'êtes pas le reflet
mais le reflet est vous.

Hokyo Zan Mai :
« Le Samadhi du miroir du trésor »
Maître Tozan

Couple de passereaux sur la branche d'un prunier en fleur.

Les pins n'ont de couleur

ni ancienne

ni moderne.

Koan

Forêt de cèdres.

Dans l'obscurité existe la lumière,
ne regardez pas
avec une vision obscure.

Dans la lumière existe l'obscur,
ne regardez pas
avec une vision lumineuse.

Lumière et obscurité
créent une opposition,
mais dépendent l'une de l'autre
comme le pas de la jambe droite
dépend du pas de la jambe gauche.

San Do Kai :
« L'Essence et les phénomènes s'interpénètrent »
Maître Sekito

Châtaignes, douce saveur dans une coque épineuse.

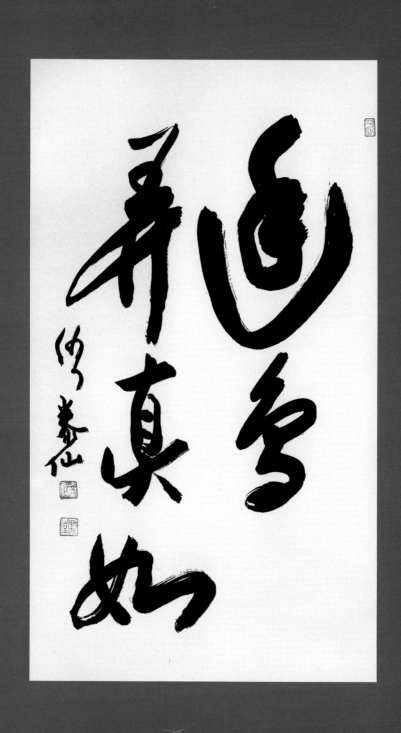

MARCHER EST AUSSI LE ZEN,
S'ASSEOIR EST AUSSI LE ZEN.
Que l'on parle ou que l'on soit silencieux,
que l'on bouge ou que l'on soit immobile,
le corps demeure toujours en paix.
Même si on se trouve face à une épée,
l'esprit demeure tranquille.
Même si on se trouve face au poison,
l'esprit demeure imperturbable.

Shodoka :
« Le Chant de l'immédiat satori »
Maître Daishi

L'oiseau mystérieux joue.

L'homme regarde la fleur,

la fleur sourit.

Koan

Chrysanthème sauvage.

Quel était votre visage

avant la naissance de vos parents ?

Koan

Paysage lointain d'un village de montagne,
dans les brumes du matin.

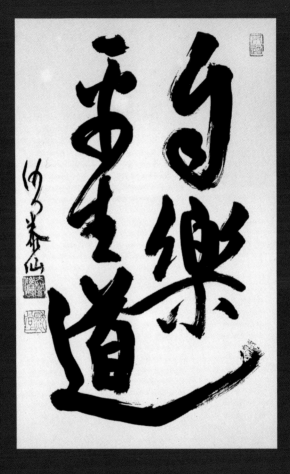

Maître Unmon dit :

« Je ne vous demande rien sur la quinzaine écoulée. Mais que dire de la quinzaine à venir ? Dites-moi quelque chose là-dessus. »

Aucun moine ne répondant, il dit :

« *Chaque jour est un bon jour.* »

Le bonheur dans l'authentique vérité de la vie quotidienne.

Dans un petit temple perdu
dans la montagne,
quatre moines faisaient zazen.
Ils avaient décidé de faire une session
de méditation dans le silence absolu.

Le premier soir, pendant le zazen,
la bougie s'éteignit, plongeant le dojo
dans l'obscurité profonde.

Le moine le plus nouveau dit à mi-voix :
« *La bougie vient de s'éteindre !* »

Le deuxième répondit :
« *Tu ne dois pas parler, c'est une session
de silence total.* »

Le troisième ajouta :
« *Pourquoi parlez-vous ? Nous devons nous
taire et être silencieux !* »

Le quatrième, qui était le responsable
de la session, conclut :
« *Vous êtes tous stupides et mauvais,
il n'y a que moi qui n'ai pas parlé !* »

Montagnes riveraines.

L'eau pure pénètre
le tréfonds de la terre.
Aussi, quand le poisson nage
dans cette eau,
il a la liberté du véritable poisson.

Le ciel est vaste et transparent
jusqu'aux confins du cosmos.
Aussi, quand l'oiseau vole
dans le ciel,
il a la liberté du véritable oiseau.

Zazen Shin :
« L'Esprit de zazen »
Maître Dogen

Poisson-chat.

Un roi désirait avoir un coq de combat très fort et il avait demandé à l'un de ses sujets d'en éduquer un.

Au début, celui-ci enseigna au coq la technique du combat. Au bout de dix jours, le roi demanda :
« *Peut-on organiser un combat avec ce coq ?* »
Mais l'instructeur dit :
« *Non ! Non ! Non ! Il est fort, mais cette force est vide, il est excité et sa force est éphémère.* »
Dix jours plus tard, le roi demanda à l'instructeur :
« *Alors, maintenant, peut-on organiser ce combat ?* »

« *Non ! Non ! Pas encore. Il est encore passionné, il veut toujours combattre. Quand il entend la voix d'un autre coq, même d'un village voisin, il se met en colère.* »
Après dix nouvelles journées d'entraînement, le roi demanda de nouveau :

L'éducateur répondit :

« *Maintenant il ne se passionne plus, s'il entend ou voit un autre coq, il reste calme. Sa posture est juste, mais sa vitalité est forte. Il ne se met plus en colère. L'énergie et la force ne se manifestent pas en surface.* »

« *Alors, c'est d'accord pour un combat ?* » dit le roi.

L'éducateur répondit :

« *Peut-être.* »

On amena de nombreux coqs de combat et on organisa un tournoi. Mais les coqs de combat ne pouvaient s'approcher de ce coq-là. Ils s'enfuyaient, effrayés ! Aussi n'eut-il pas besoin de combattre.

Le coq de combat était devenu un coq de bois. Il avait dépassé l'entraînement de la technique de lutte. Il avait intérieurement une forte énergie qui ne se manifestait pas en s'extériorisant.

La puissance se trouvait dès lors en lui, et les autres ne pouvaient que s'incliner devant son assurance tranquille et sa vraie force cachée.

Maku, le cheval du vide.

Le clair de lune
brillant de l'esprit,
pur,
sans souillure,
sans tache,
brise les vagues qui se ruent
sur le rivage
et l'inondent de lumière.

La Pratique du zen
Maître Deshimaru

La lune comme un cercle de feu.

NOTRE EXPIRATION

est celle de l'univers entier.

NOTRE INSPIRATION

est celle de l'univers entier.

À chaque instant, nous réalisons

ainsi la grande œuvre illimitée.

Avoir cet esprit-là,

c'est faire disparaître tout malheur

et engendrer le bonheur absolu.

Maître Kodo Sawaki

Aigle sur le sommet de la montagne.
« Être assis en zazen seul sur la grande montagne. »

À esprit libre,
univers libre.

Koan

Cercle, image du cosmos.

N an-in, maître japonais sous le règne des Meiji (1868-1912), reçut un jour un professeur de l'université venu s'informer sur le zen. Comme il servait le thé, Nan-in remplit la tasse de son visiteur à ras bord et continua à verser. Le professeur regarda le thé déborder, jusqu'à ce qu'il s'écrie, excédé :

« Plus une goutte, ma tasse est pleine !
— Tout comme cette tasse, dit Nan-in, tu es rempli de tes propres opinions. Comment pourrais-je te montrer ce qu'est le zen ? »

Hogen, un maître chinois,
vivait seul dans un petit temple,
en pleine campagne.
Un jour, quatre moines voyageurs survinrent
et lui demandèrent s'ils pouvaient faire
un feu dans sa cour pour se réchauffer.
Tandis qu'ils préparaient le feu, Hogen
les entendit discuter de subjectivité
et d'objectivité. Il se joignit à eux.

Il dit :
« Vous voyez cette grosse pierre.
Croyez-vous qu'elle se trouve à l'intérieur
ou à l'extérieur de votre esprit ? »

Un des moines répondit :
« Du point de vue du bouddhisme,
toutes choses étant une objectivation de l'esprit,
je dirais donc que cette pierre se trouve
dans mon esprit. »

« Ta tête doit être très lourde »,
conclut Hogen.

Héron se tenant dans l'eau, sous les roseaux.
« À quoi pouvons-nous comparer notre vie ?
Le reflet de la lune dans la goutte de rosée, tombant du bec de l'oiseau. »

Certains prétendent

corriger le mal et mener au bien.

Mais ce n'est qu'une passion passagère.

Gagner ou perdre est la méconnaissance

qui fait croire à la personnalité et au moi.

Je voudrais être

un esprit hors des poussières.

Ciel bleu et lune blanche.

Le vent nous envoie un air pur.

Nuages fous
Maître Ikkyû

Vieux brûleur d'encens en bronze.

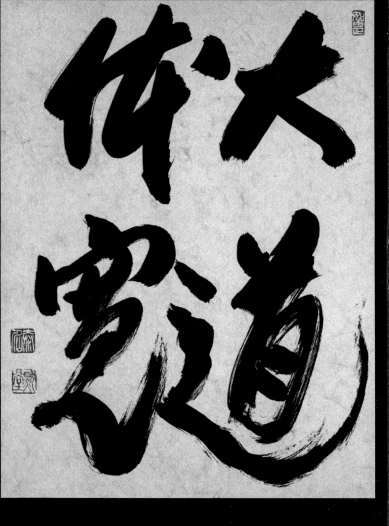

LE VINGTIEME PATRIARCHE AVAIT DIT :

« Je ne cherche pas la voie
et je ne fais pas le contraire non plus.

Je ne me prosterne pas devant le Bouddha
mais je ne le méprise pas non plus.

Je ne demeure pas longtemps assis
(à méditer) mais je ne suis pas
relâché non plus.

Je ne limite pas mes repas à un seul
mais je ne me gave pas non plus.

Je ne suis pas satisfait de tout
mais je ne suis pas avide.

LORSQUE LE CŒUR
EST DÉPOUILLÉ DE TOUT DÉSIR
C'EST LA VOIE. »

La Grande Voie est généreuse.
Aussi n'est-elle ni difficile ni facile.

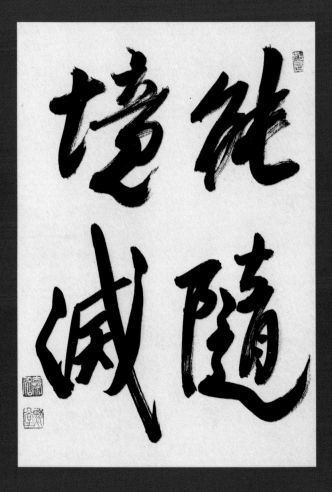

Un moine demanda à Joshu
pourquoi Bodhidharma vint en Chine.
« Un chêne dans le jardin », dit Joshu.

Commentaire de Maître Deshimaru :

« Les mots ne peuvent tout décrire.
Le message du cœur ne peut être délivré
dans les mots.

Si quelqu'un entend littéralement les mots,
il sera perdu.

S'il tente d'expliquer avec les mots,
il n'atteindra pas l'illumination
dans cette vie. »

Le sujet s'évanouit en suivant l'objet.

Il suffit qu'il n'y ait
ni amour ni haine
pour que la compréhension
apparaisse,
spontanément claire,
comme la lumière du jour
dans une caverne.

Shin Jin Mei :
« Poèmes sur la foi en l'esprit »
Maître Sosan

La lune ronde s'élève au-dessus du sommet de la montagne.

La montagne bleue en bordure de mer

ne bouge pas

mais l'esprit de l'oiseau sur les vagues

s'échappe

et suit le courant du fleuve.

Maître Daishi

Petit oiseau sur une pierre recouverte de mousse.